The Starry Night Adventure And Other Bilingual French-English Stories for Kids

Pomme Bilingual

Published by Pomme Bilingual, 2024.

THE STARRY NIGHT ADVENTURE AND OTHER BILINGUAL FRENCH-ENGLISH STORIES FOR KIDS

First edition. September 30, 2024.

Copyright © 2024 Pomme Bilingual.

ISBN: 979-8227783042

Written by Pomme Bilingual.

Table of Contents

Le Petit Nuage et le Rayon de Soleil

Il était une fois, dans un ciel immense et bleu, un petit nuage tout blanc et tout timide. Il flottait doucement, emporté par le vent, mais se sentait seul et perdu au milieu de cette vaste étendue. Partout où il regardait, il voyait des nuages plus grands, plus imposants, qui semblaient savoir exactement où ils allaient. Le petit nuage, lui, ne savait pas quoi faire ni où aller.

« Pourquoi suis-je si petit ? » se demandait-il souvent. « Que puis-je bien faire dans un ciel aussi grand ? »

Un jour, alors qu'il se laissait porter par une brise légère, le petit nuage aperçut quelque chose de brillant. Un rayon de soleil éclatant venait tout droit vers lui. C'était un rayon doré, qui dansait dans le ciel avec une joie contagieuse. Le rayon de soleil, en apercevant le petit nuage, s'arrêta et lui sourit.

« Bonjour ! » dit joyeusement le rayon de soleil. « Pourquoi as-tu l'air si triste, petit nuage ? »

Le petit nuage soupira. « Je suis perdu dans ce grand ciel. Je ne sais pas quoi faire ni où aller. Tout le monde semble plus grand et plus important que moi. »

Le rayon de soleil réfléchit un moment, puis s'approcha du petit nuage. « Tu es peut-être petit, mais tu as en toi quelque chose de merveilleux. Tu n'as pas encore découvert ta lumière. »

« Ma lumière ? » demanda le nuage, perplexe. « Mais je ne suis qu'un nuage… Je n'ai pas de lumière. »

Le rayon de soleil sourit encore plus largement. « Viens avec moi, je vais te montrer. Ensemble, nous allons illuminer le monde. »

Curieux mais encore un peu hésitant, le petit nuage suivit le rayon de soleil. Ensemble, ils flottaient au-dessus des collines, des forêts, et des champs. Le rayon de soleil brillait de plus en plus fort, et alors que sa lumière traversait le petit nuage, celui-ci se transforma. Il brillait lui aussi, devenant éclatant et doré. Partout où ils allaient, les fleurs s'ouvraient, les oiseaux chantaient, et les enfants riaient en levant les yeux vers le ciel.

« Regarde ! » s'exclama le rayon de soleil. « Tu illumines tout ce qui t'entoure. »

Le petit nuage, ébloui par cette nouvelle sensation, se sentit plus heureux qu'il ne l'avait jamais été. « Mais c'est grâce à toi, » dit-il doucement. « Sans ta lumière, je n'aurais jamais brillé ainsi. »

Le rayon de soleil secoua la tête. « Non, petit nuage. C'est ensemble que nous avons réussi. Moi, je t'ai donné un peu de ma lumière, mais c'est toi qui as su la partager avec le monde. »

Le petit nuage se sentit fier pour la première fois. Il n'était peut-être pas grand, mais avec l'aide de son nouvel ami, il avait fait briller le ciel d'une manière qu'il n'aurait jamais imaginée. À partir de ce jour, le petit nuage et le rayon de soleil restèrent inséparables, voyageant ensemble et répandant leur lumière partout où ils allaient.

Et ils vécurent heureux, en apportant à tous la joie et la chaleur de leur amitié.

The Little Cloud and the Sunbeam

Once upon a time, in a vast and blue sky, there was a small, white, and timid little cloud. It floated gently, carried by the wind, but it felt alone and lost in the middle of this wide expanse. Everywhere it looked, it saw larger, more imposing clouds that seemed to know exactly where they were going. The little cloud, however, didn't know what to do or where to go.

"Why am I so small?" it often wondered. "What can I possibly do in such a big sky?"

One day, as it let itself be carried by a light breeze, the little cloud noticed something shining. A bright sunbeam was coming straight towards it. It was a golden ray, dancing joyfully in the sky. When the sunbeam saw the little cloud, it stopped and smiled at it.

"Hello!" said the sunbeam joyfully. "Why do you look so sad, little cloud?"

The little cloud sighed. "I'm lost in this big sky. I don't know what to do or where to go. Everyone seems bigger and more important than me."

The sunbeam thought for a moment, then approached the little cloud. "You may be small, but you have something wonderful inside you. You just haven't discovered your light yet."

"My light?" asked the cloud, perplexed. "But I'm just a cloud... I don't have any light."

The sunbeam smiled even more widely. "Come with me, I'll show you. Together, we'll light up the world."

Curious but still a little hesitant, the little cloud followed the sunbeam. Together, they floated above hills, forests, and fields. The sunbeam shone brighter and brighter, and as its light passed through the little cloud, the cloud transformed. It began to shine too, becoming bright and golden. Everywhere they went, flowers bloomed, birds sang, and children laughed as they looked up at the sky.

"Look!" exclaimed the sunbeam. "You are lighting up everything around you."

The little cloud, dazzled by this new feeling, felt happier than ever before. "But it's thanks to you," it said softly. "Without your light, I would never have shone like this."

The sunbeam shook its head. "No, little cloud. It's together that we succeeded. I gave you a little of my light, but it was you who shared it with the world."

For the first time, the little cloud felt proud. It may not have been big, but with the help of its new friend, it had lit up the sky in a way it had never imagined. From that day on, the little cloud and the sunbeam remained inseparable, traveling together and spreading their light everywhere they went.

And they lived happily, bringing joy and warmth to everyone through their friendship.

Le Petit Escargot Courageux

Il était une fois un petit escargot qui vivait dans un jardin paisible. Bien qu'il soit tout petit et qu'il se déplaçât lentement, il avait un rêve immense : grimper jusqu'au sommet de la grande colline qui se dressait au loin. Chaque jour, il regardait la colline depuis son petit coin du jardin et se demandait s'il aurait un jour le courage de la gravir.

« Un jour, je grimperai jusqu'au sommet de cette colline ! » disait-il à ses amis, les autres animaux du jardin. Mais à chaque fois, ils lui répondaient en riant : « Toi ? Grimper cette grande colline ? Mais tu es bien trop petit et trop lent ! »

Cela ne décourageait pas complètement le petit escargot, mais cela le rendait un peu triste. Il savait qu'il n'était pas rapide, mais son rêve de gravir la colline continuait de grandir dans son cœur.

Un matin, le petit escargot décida que le moment était venu. Il s'approcha de la base de la colline, le cœur battant de peur et d'excitation. À peine avait-il commencé à grimper qu'il croisa son ami le criquet.

« Où vas-tu, petit escargot ? » demanda le criquet.

« Je vais grimper cette colline, » répondit l'escargot, déterminé.

Le criquet secoua la tête. « Tu es trop lent ! Tu n'arriveras jamais au sommet. »

Mais l'escargot ne se laissa pas décourager. « Je vais essayer, » dit-il simplement.

Peu de temps après, il rencontra son amie la coccinelle.

« Que fais-tu là, petit escargot ? » demanda la coccinelle, surprise.

« Je grimpe la colline, » répondit-il.

« Mais c'est impossible pour un escargot comme toi ! » s'exclama-t-elle. « La colline est trop grande. »

L'escargot sourit. « Peut-être, mais je veux voir jusqu'où je peux aller. »

Alors, avec beaucoup de courage, le petit escargot continua de grimper. À chaque pas, il se fatiguait un peu plus, mais il ne renonçait pas. Ses muscles étaient petits, mais son cœur était rempli de détermination.

Finalement, après de longues heures d'efforts, le petit escargot arriva à mi-hauteur de la colline. Il était épuisé, mais très fier de lui. C'est alors qu'il entendit des voix familières derrière lui.

« Petit escargot ! Attends-nous ! » C'était ses amis, le criquet et la coccinelle. « Nous avons vu à quel point tu es courageux, et nous voulons t'aider. »

Touché par leur soutien, le petit escargot accepta volontiers leur aide. Le criquet sauta joyeusement devant pour lui montrer le chemin, tandis que la coccinelle volait juste au-dessus, l'encourageant avec ses mots gentils.

Avec l'aide de ses amis et son propre courage, le petit escargot continua à grimper, et enfin, il atteignit le sommet de la grande colline. Du haut de la colline, il regarda tout le jardin en bas et réalisa à quel point le monde était beau vu d'en haut.

« Tu as réussi, petit escargot ! » s'exclamèrent ses amis, admiratifs.

Le petit escargot sourit, son cœur rempli de joie et de fierté. « Oui, je l'ai fait. » Et il comprit alors que le courage ne dépendait pas de la taille ou de la vitesse, mais de la détermination à suivre ses rêves, peu importe la difficulté du chemin.

Et ainsi, le petit escargot courageux devint un exemple pour tous les habitants du jardin, leur rappelant que, même si l'on est petit, on peut accomplir de grandes choses.

The Brave Little Snail

Once upon a time, there was a little snail who lived in a peaceful garden. Although he was very small and moved slowly, he had a big dream: to climb to the top of the big hill that stood in the distance. Every day, he looked at the hill from his little corner of the garden and wondered if he would ever have the courage to climb it.

"One day, I will climb to the top of that hill!" he told his friends, the other animals in the garden. But every time, they would laugh and say, "You? Climb that big hill? But you're much too small and too slow!"

This didn't completely discourage the little snail, but it made him a bit sad. He knew he wasn't fast, but his dream of climbing the hill continued to grow in his heart.

One morning, the little snail decided the time had come. He approached the base of the hill, his heart beating with fear and excitement. Just as he began to climb, he came across his friend the cricket.

"Where are you going, little snail?" asked the cricket.

"I'm going to climb this hill," replied the determined snail.

The cricket shook his head. "You're too slow! You'll never make it to the top."

But the snail was not discouraged. "I'm going to try," he simply said.

Shortly after, he met his friend the ladybug.

"What are you doing here, little snail?" asked the surprised ladybug.

"I'm climbing the hill," he replied.

"But that's impossible for a snail like you!" she exclaimed. "The hill is too big."

The snail smiled. "Maybe, but I want to see how far I can go."

And so, with great courage, the little snail continued climbing. With every step, he grew more tired, but he didn't give up. His muscles were small, but his heart was filled with determination.

Finally, after long hours of effort, the little snail reached halfway up the hill. He was exhausted, but very proud of himself. Just then, he heard familiar voices behind him.

"Little snail! Wait for us!" It was his friends, the cricket and the ladybug. "We've seen how brave you are, and we want to help you."

Touched by their support, the little snail gladly accepted their help. The cricket hopped joyfully ahead to show him the way, while the ladybug flew just above, encouraging him with kind words.

With the help of his friends and his own courage, the little snail kept climbing, and finally, he reached the top of the big hill.

From the top, he looked down at the whole garden and realized how beautiful the world was from above.

"You did it, little snail!" his friends exclaimed, admiringly.

The little snail smiled, his heart full of joy and pride. "Yes, I did it." And he realized that courage wasn't about size or speed, but about the determination to follow your dreams, no matter how difficult the path.

And so, the brave little snail became an example to all the garden's inhabitants, reminding them that, even if you're small, you can achieve great things.

L'Aventure de la Nuit Étoilée

Il était une fois, un petit renard curieux qui vivait dans une forêt dense. Chaque nuit, il levait les yeux vers le ciel, émerveillé par les étoiles qui scintillaient au-dessus de lui. Il trouvait les étoiles si belles, si brillantes, qu'il en rêvait chaque soir. Un jour, il se fit une promesse : « Je vais attraper une étoile, juste pour moi. »

Déterminé à réaliser son rêve, le petit renard se mit en route une nuit claire, lorsque le ciel était plein de milliers d'étoiles scintillantes. Il courut à travers la forêt, essayant de sauter aussi haut que possible, mais les étoiles restaient hors de portée, si loin dans l'immensité du ciel. Il sauta et sauta encore, mais chaque fois, elles semblaient s'éloigner davantage.

Déçu, le petit renard s'assit sur une souche d'arbre et soupira. « Comment puis-je attraper une étoile si elles sont si loin ? » murmura-t-il tristement.

C'est alors qu'une voix douce et sage se fit entendre depuis les branches d'un grand chêne. « Pourquoi essaies-tu d'attraper une étoile, petit renard ? » demanda la vieille chouette, ses yeux brillants fixés sur lui depuis les hauteurs.

Le renard leva les yeux et aperçut la chouette. « Je veux une étoile rien que pour moi, pour pouvoir la regarder de près et la garder toujours près de moi, » répondit-il.

La chouette, qui avait vécu de nombreuses années et avait vu bien des nuits étoilées, hocha la tête. « Les étoiles sont belles, c'est vrai. Mais elles sont faites pour briller dans le ciel, pour que tout le monde puisse en profiter. »

Le renard baissa les yeux. « Mais moi, je veux en avoir une juste pour moi. »

La chouette descendit un peu plus bas sur la branche, ses plumes douces frôlant les feuilles. « Si tu attrapes une étoile, elle ne pourra plus briller pour les autres. Elle perdrait sa lumière. Mais je vais te montrer quelque chose de spécial. Suis-moi. »

Intrigué, le petit renard suivit la chouette à travers la forêt. Ils marchèrent ensemble jusqu'à une grande clairière, où le ciel semblait encore plus vaste et les étoiles, plus nombreuses. La chouette s'envola dans les airs et commença à dessiner des formes avec ses ailes, créant des silhouettes dans le ciel étoilé.

« Regarde, » dit la chouette, « les étoiles créent des constellations. Elles brillent ensemble, et c'est ainsi qu'elles sont les plus belles. »

Le petit renard regarda avec émerveillement. Les étoiles ne semblaient plus être simplement des points lumineux éparpillés dans le ciel. Il voyait maintenant des formes : des ours, des lions, des oiseaux. Chaque étoile faisait partie d'un tout, et ensemble, elles illuminaient la nuit d'une manière que le renard n'avait jamais imaginée.

« Je comprends, » dit doucement le renard. « Les étoiles sont plus belles quand elles brillent pour tout le monde, pas seulement pour moi. »

La chouette hocha la tête. « Oui, petit renard. Les choses les plus précieuses sont encore plus brillantes lorsqu'elles sont partagées. »

Le renard sourit, sentant une chaleur réconfortante dans son cœur. Il n'avait plus besoin d'attraper une étoile pour la garder pour lui-même. Il savait désormais que les étoiles, tout comme les rêves et les amis, étaient faites pour être partagées.

Ensemble, le petit renard et la vieille chouette passèrent la nuit à admirer le ciel, partageant le silence et la beauté des étoiles, sachant que, parfois, les rêves les plus brillants sont ceux que l'on partage avec les autres.

The Starry Night Adventure

Once upon a time, there was a curious little fox who lived in a dense forest. Every night, he would look up at the sky, mesmerized by the stars twinkling above him. He found the stars so beautiful and bright that he dreamed of them every night. One day, he made himself a promise: "I will catch a star, just for me."

Determined to make his dream come true, the little fox set out on a clear night when the sky was full of thousands of shimmering stars. He ran through the forest, trying to jump as high as he could, but the stars remained out of reach, so far away in the vastness of the sky. He jumped and jumped again, but each time, they seemed to drift even farther away.

Disappointed, the little fox sat down on a tree stump and sighed. "How can I catch a star if they are so far away?" he murmured sadly.

It was then that a soft, wise voice spoke from the branches of a tall oak. "Why are you trying to catch a star, little fox?" asked the old owl, her bright eyes fixed on him from above.

The fox looked up and saw the owl. "I want a star just for me, so I can look at it closely and always keep it near me," he replied.

The owl, who had lived many years and seen many starry nights, nodded. "Stars are beautiful, it's true. But they are meant to shine in the sky, so that everyone can enjoy them."

The fox lowered his eyes. "But I want to have one just for me."

The owl swooped down a little lower on the branch, her soft feathers brushing the leaves. "If you catch a star, it will no longer be able to shine for others. It would lose its light. But let me show you something special. Follow me."

Intrigued, the little fox followed the owl through the forest. Together, they walked until they reached a large clearing, where the sky seemed even more vast and the stars more numerous. The owl flew into the air and began to trace shapes with her wings, creating silhouettes in the starry sky.

"Look," said the owl, "the stars create constellations. They shine together, and that's when they are at their most beautiful."

The little fox watched in awe. The stars no longer seemed to be just random dots scattered across the sky. He could now see shapes: bears, lions, birds. Each star was part of a whole, and together, they illuminated the night in a way the fox had never imagined.

"I understand," said the fox softly. "Stars are more beautiful when they shine for everyone, not just for me."

The owl nodded. "Yes, little fox. The most precious things shine even brighter when they are shared."

The fox smiled, feeling a comforting warmth in his heart. He no longer needed to catch a star to keep for himself. He now knew that stars, like dreams and friends, were meant to be shared.

Together, the little fox and the wise old owl spent the night admiring the sky, sharing the silence and beauty of the stars, knowing that sometimes, the brightest dreams are those shared with others.

L'Arbre de la Gentillesse

Il était une fois un arbre solitaire qui se dressait au milieu d'une clairière, au cœur de la forêt. Cet arbre était grand et majestueux, avec des branches qui s'étendaient haut dans le ciel. Mais malgré sa beauté, l'arbre se sentait très seul. Aucun des animaux de la forêt ne venait jamais lui rendre visite, et il n'avait personne avec qui partager ses journées.

Un jour, alors qu'il observait les oiseaux voler joyeusement d'un arbre à l'autre, le grand arbre soupira profondément. « Si seulement j'avais des amis », murmura-t-il tristement. « Je me sens tellement seul. »

Le temps passa, et un matin, une idée germa dans l'esprit de l'arbre. « Peut-être que si je donnais quelque chose, les autres viendraient me voir », pensa-t-il. Alors, il décida de commencer à offrir ses fruits. Il savait que ses fruits étaient délicieux et sucrés, mais il ne les avait jamais partagés auparavant.

Ce matin-là, l'arbre laissa tomber quelques-uns de ses fruits mûrs sur le sol de la clairière. Rapidement, un petit écureuil, curieux, se précipita vers eux. « Oh, quels fruits délicieux ! » s'exclama l'écureuil en grignotant joyeusement. « Merci, grand arbre ! » dit-il avant de repartir dans la forêt.

L'arbre se sentit heureux pour la première fois depuis longtemps. Il aimait voir l'écureuil content. Le lendemain, il laissa tomber encore plus de fruits. Cette fois, non seulement l'écureuil revint, mais il amena aussi ses amis. Des lapins, des cerfs, et même des oiseaux vinrent goûter aux fruits sucrés de l'arbre.

Jour après jour, l'arbre continua de donner ses fruits, et de plus en plus d'animaux commencèrent à venir. Les oiseaux chantonnaient dans ses branches, les lapins jouaient à ses pieds, et les cerfs venaient se reposer à l'ombre de son feuillage. L'arbre n'était plus seul.

Un soir, alors que le soleil se couchait, un jeune faon s'approcha de l'arbre. « Pourquoi es-tu si gentil avec nous, grand arbre ? » demanda le faon. « Tu nous donnes tant, et nous n'avons rien à t'offrir en retour. »

L'arbre sourit doucement avec ses grandes branches. « Je donne parce que cela me rend heureux. Quand je vois combien vous appréciez mes fruits, cela me remplit de joie. Et même si je n'attends rien en retour, je réalise que je ne suis plus seul. Vous êtes tous devenus mes amis. »

Le faon leva les yeux vers l'arbre, ému. « Nous sommes heureux que tu sois notre ami aussi », dit-il. « Tu nous as appris ce qu'est la gentillesse. »

À partir de ce jour, l'arbre ne fut plus jamais seul. Les animaux venaient régulièrement lui rendre visite, non seulement pour ses fruits, mais aussi pour profiter de sa compagnie. Ils jouaient ensemble, se reposaient sous son ombre, et l'arbre, en retour, offrait toujours avec générosité tout ce qu'il avait.

L'arbre avait appris que la gentillesse avait un pouvoir spécial : elle réunissait les cœurs et créait une véritable communauté. Et même s'il continuait de donner ses fruits, il recevait bien plus en retour — l'amour et l'amitié de tous les animaux de la forêt.

The Kindness Tree

Once upon a time, there was a lonely tree standing in the middle of a clearing, deep in the heart of the forest. This tree was tall and majestic, with branches that stretched high into the sky. But despite its beauty, the tree felt very lonely. None of the animals in the forest ever came to visit it, and it had no one to share its days with.

One day, as it watched birds joyfully fly from tree to tree, the great tree sighed deeply. "If only I had friends," it murmured sadly. "I feel so alone."

Time passed, and one morning, an idea sprouted in the tree's mind. "Maybe if I gave something, others would come to see me," it thought. So, it decided to start offering its fruits. The tree knew its fruits were delicious and sweet, but it had never shared them before.

That morning, the tree let a few of its ripe fruits fall to the ground in the clearing. Quickly, a curious little squirrel rushed toward them. "Oh, what delicious fruits!" exclaimed the squirrel as it nibbled joyfully. "Thank you, great tree!" it said before scampering back into the forest.

The tree felt happy for the first time in a long while. It loved seeing the squirrel so content. The next day, it dropped even more fruits. This time, not only did the squirrel return, but it brought its friends too. Rabbits, deer, and even birds came to taste the tree's sweet fruits.

Day after day, the tree continued giving its fruits, and more and more animals began to visit. The birds sang in its branches, the rabbits played at its feet, and the deer came to rest in its shade. The tree was no longer alone.

One evening, as the sun was setting, a young fawn approached the tree. "Why are you so kind to us, great tree?" asked the fawn. "You give us so much, and we have nothing to offer you in return."

The tree smiled gently with its great branches. "I give because it makes me happy. When I see how much you all enjoy my fruits, it fills me with joy. And even though I expect nothing in return, I realize that I'm no longer alone. You have all become my friends."

The fawn looked up at the tree, moved. "We are happy that you are our friend too," it said. "You have taught us what kindness is."

From that day on, the tree was never lonely again. The animals came regularly to visit, not just for its fruits, but also to enjoy its company. They played together, rested under its shade, and the tree, in return, always generously gave all it had.

The tree had learned that kindness had a special power: it brought hearts together and created a true community. And even though it continued giving its fruits, it received much more in return – the love and friendship of all the forest animals.

L'Ours en Peluche Perdu

———

Il était une fois, un jeune enfant qui avait un ours en peluche très spécial. Cet ours, avec sa fourrure douce et ses petits yeux brillants, était le compagnon préféré de l'enfant. Il l'emmenait partout : au parc, à l'école, et même au lit chaque nuit. L'ours en peluche n'était pas seulement un jouet, il était un véritable ami, apportant réconfort et sécurité à l'enfant.

Un jour, lors d'une promenade au parc avec ses parents, l'enfant perdit son précieux ours en peluche. En rentrant à la maison, il réalisa avec horreur que son ami était parti. L'enfant pleura toute la soirée, désespéré à l'idée de ne jamais revoir son ours.

Mais ce que l'enfant ne savait pas, c'était que l'ours en peluche avait décidé de partir à l'aventure. Bien qu'il aimait profondément l'enfant, il voulait aussi découvrir le monde. Alors, après avoir été accidentellement laissé sous un grand arbre dans le parc, il se mit en route.

Le voyage de l'ours en peluche commença par une rencontre avec un oiseau curieux. « Où vas-tu, petit ours ? » demanda l'oiseau.

« Je cherche à comprendre ce que c'est que l'amour, » répondit l'ours en peluche. « Je sais que l'enfant m'aime, mais je veux en savoir plus. »

L'oiseau hocha la tête avec sagesse. « L'amour, c'est aussi prendre soin des autres. Tu l'as déjà ressenti avec l'enfant, non ? »

L'ours en peluche sourit doucement. « Oui, chaque fois qu'il m'embrassait ou me serrait dans ses bras, je sentais son amour. »

Encouragé, l'ours poursuivit son chemin, rencontrant ensuite un vieux chien qui se reposait près d'une maison. Le chien leva les yeux vers l'ours en peluche et demanda : « Pourquoi es-tu ici, loin de ton enfant ? »

L'ours expliqua son voyage, et le chien répondit : « L'amour, c'est aussi être là quand on a besoin de toi. Ton enfant te cherche sûrement en ce moment. L'amour que tu cherches, tu l'as déjà trouvé. Il est dans le cœur de l'enfant que tu as laissé derrière. »

L'ours en peluche commença à comprendre. Il se souvenait des nuits passées à réconforter l'enfant, des moments de tristesse où il avait séché ses larmes, et des aventures imaginaires qu'ils avaient vécues ensemble. L'ours réalisa que l'amour ne se trouvait pas seulement dans l'aventure, mais dans le lien qu'il partageait avec l'enfant.

Alors, rempli d'une nouvelle sagesse, l'ours en peluche décida de retrouver son chemin vers la maison. Ce ne fut pas facile. Il traversa des champs, des forêts et même un ruisseau, mais il était déterminé à retourner auprès de l'enfant qu'il aimait tant.

Pendant ce temps, à la maison, l'enfant ne cessait de penser à son ours perdu. Chaque soir, il regardait par la fenêtre, espérant qu'il reviendrait. Un matin, alors que le soleil se levait, l'enfant aperçut une silhouette familière au loin. C'était son ours en peluche, fatigué mais heureux d'être enfin de retour.

L'enfant courut vers lui, le serra dans ses bras avec tant d'amour que l'ours en peluche sentit que tout était à sa place. L'aventure lui avait appris ce qu'était l'amour, mais il savait désormais qu'il appartenait à cet enfant qui l'aimait plus que tout.

À partir de ce jour, l'ours en peluche ne quitta plus jamais l'enfant. Ils étaient encore plus proches qu'avant, ayant appris que le véritable amour et le sentiment d'appartenance viennent non pas de l'aventure, mais de ceux qui nous chérissent.

The Lost Teddy Bear

Once upon a time, there was a young child who had a very special teddy bear. This bear, with its soft fur and shiny little eyes, was the child's favorite companion. The child took it everywhere: to the park, to school, and even to bed every night. The teddy bear wasn't just a toy; it was a true friend, providing comfort and security to the child.

One day, during a walk in the park with their parents, the child lost their precious teddy bear. Upon returning home, they realized with horror that their friend was gone. The child cried all evening, devastated at the thought of never seeing their bear again.

But what the child didn't know was that the teddy bear had decided to go on an adventure. Although it loved the child deeply, it also wanted to discover the world. So, after being accidentally left under a big tree in the park, it set off on its journey.

The teddy bear's adventure began with a meeting with a curious bird. "Where are you going, little bear?" asked the bird.

"I'm trying to understand what love is," the teddy bear replied. "I know the child loves me, but I want to learn more."

The bird nodded wisely. "Love is also about caring for others. Haven't you already felt that with the child?"

The teddy bear smiled softly. "Yes, every time the child hugged me or held me close, I felt their love."

Encouraged, the teddy bear continued on its way, next meeting an old dog resting near a house. The dog looked up at the teddy bear and asked, "Why are you here, far from your child?"

The teddy bear explained its journey, and the dog replied, "Love is also about being there when you're needed. Your child is probably looking for you right now. The love you're searching for, you've already found. It's in the heart of the child you left behind."

The teddy bear began to understand. It remembered the nights spent comforting the child, the moments of sadness when it had wiped away tears, and the imaginary adventures they had shared together. The bear realized that love wasn't just found in adventure, but in the bond it shared with the child.

Filled with new wisdom, the teddy bear decided to find its way back home. It wasn't easy. It crossed fields, forests, and even a stream, but it was determined to return to the child it loved so much.

Meanwhile, at home, the child couldn't stop thinking about the lost teddy bear. Every night, they looked out the window, hoping it would come back. One morning, as the sun rose, the child spotted a familiar figure in the distance. It was the teddy bear, tired but happy to finally be home.

The child ran towards it, hugging it with so much love that the teddy bear knew everything was back in its rightful place. The adventure had taught the bear what love was, but now it knew that it truly belonged with the child who loved it more than anything.

From that day on, the teddy bear never left the child's side again. They were even closer than before, having learned that true love and a sense of belonging don't come from adventure, but from those who cherish us.

La Chenille Dansante

———

Il était une fois une petite chenille qui adorait danser. Chaque jour, elle se tortillait et ondulait sur les feuilles, créant des mouvements gracieux qui faisaient sourire tous les insectes du jardin. Mais malgré sa passion pour la danse, la chenille se sentait souvent à l'écart. Les autres chenilles se moquaient d'elle, préférant rester immobiles et silencieuses.

Un jour, alors qu'elle dansait joyeusement sous un rayon de soleil, une magnifique papillon aux ailes colorées s'approcha d'elle. « Pourquoi es-tu si triste, petite chenille ? » demanda le papillon.

« Je me sens différente », répondit la chenille en soupirant. « Tout le monde se moque de moi parce que j'aime danser. »

Le papillon sourit doucement. « Être différent est une merveilleuse chose. C'est ce qui nous rend uniques ! »

La chenille baissa la tête. « Mais je veux être comme les autres. Je veux me fondre dans la foule. »

Le papillon s'approcha et dit : « Viens, danse avec moi ! Je vais te montrer quelque chose. » La chenille, bien que nerveuse, accepta l'invitation. Ensemble, elles dansèrent sous le soleil, et la chenille réalisa qu'elle pouvait voler de joie en exprimant sa passion.

Au fur et à mesure qu'elles dansaient, la chenille commença à se sentir plus confiante. Elle tourbillonnait et sautait, laissant son cœur s'exprimer à travers ses mouvements. Le papillon l'encourageait en disant : « Regarde comme tu es belle ! Ta danse illumine le jardin ! »

Les autres insectes, attirés par la musique de leurs rires, vinrent les observer. Ils furent émerveillés par la grâce de la chenille dansante et les mouvements enchanteurs du papillon. Peu à peu, les insectes commencèrent à applaudir et à encourager la chenille.

La petite chenille se sentit radieuse. Elle comprit alors qu'il était normal d'être différente et que sa passion pour la danse apportait de la joie aux autres. Elle se mit à sourire, et dans son cœur, elle sut qu'elle n'était pas seule.

Avec le temps, la chenille continua de danser avec le papillon. Ensemble, elles créèrent un spectacle magnifique qui rassemblait tous les insectes du jardin. La chenille avait enfin trouvé sa place et sa voix, et elle apprit à embrasser son individualité.

Un jour, alors qu'elle se préparait à entrer dans son cocon, elle remercia le papillon. « Merci de m'avoir aidée à accepter qui je suis », dit-elle. « Je n'aurais jamais cru que ma danse serait si précieuse. »

Le papillon répondit avec un sourire : « Souviens-toi toujours, petite chenille : ta différence est ta force. C'est ce qui te rend unique. »

Et c'est ainsi que la petite chenille, en apprenant à s'accepter, s'épanouit en une magnifique papillon, dansant avec grâce dans le ciel, heureuse d'être elle-même.

The Dancing Caterpillar

O nce upon a time, there was a little caterpillar who loved to dance. Every day, she wiggled and swayed on the leaves, creating graceful movements that made all the insects in the garden smile. But despite her passion for dancing, the caterpillar often felt out of place. The other caterpillars mocked her, preferring to remain still and silent.

One day, while she joyfully danced under a ray of sunshine, a magnificent butterfly with colorful wings approached her. "Why are you so sad, little caterpillar?" asked the butterfly.

"I feel different," replied the caterpillar with a sigh. "Everyone makes fun of me because I love to dance."

The butterfly smiled gently. "Being different is a wonderful thing. It's what makes us unique!"

The caterpillar lowered her head. "But I want to be like everyone else. I want to blend in with the crowd."

The butterfly came closer and said, "Come, dance with me! I will show you something." The caterpillar, although nervous, accepted the invitation. Together, they danced under the sun, and the caterpillar realized she could soar with joy by expressing her passion.

As they danced, the caterpillar began to feel more confident. She twirled and leaped, letting her heart express itself through her movements. The butterfly encouraged her, saying, "Look how beautiful you are! Your dance lights up the garden!"

The other insects, drawn by the sound of their laughter, came to watch them. They were amazed by the grace of the dancing caterpillar and the enchanting movements of the butterfly. Gradually, the insects began to clap and cheer for the caterpillar.

The little caterpillar felt radiant. She understood then that it was okay to be different and that her passion for dance brought joy to others. She began to smile, and in her heart, she knew she was not alone.

Over time, the caterpillar continued to dance with the butterfly. Together, they created a magnificent show that gathered all the insects in the garden. The caterpillar had finally found her place and her voice, and she learned to embrace her individuality.

One day, as she prepared to enter her cocoon, she thanked the butterfly. "Thank you for helping me accept who I am," she said. "I never believed my dance could be so precious."

The butterfly replied with a smile, "Always remember, little caterpillar: your difference is your strength. It's what makes you unique."

And so, the little caterpillar, learning to accept herself, blossomed into a beautiful butterfly, dancing gracefully in the sky, happy to be herself.

La Pierre Chantante

———

Il était une fois une pierre tranquille, posée au bord d'un ruisseau. Cette pierre, lisse et brillante sous le soleil, regardait les autres éléments de la nature avec envie. Les oiseaux chantaient de belles mélodies, les feuilles dansaient au rythme du vent, et même le ruisseau babillait joyeusement en coulant. Mais la pierre se sentait triste et invisible. Elle souhaitait tant chanter, mais elle ne croyait pas avoir de voix.

Un jour, alors qu'elle regardait les oiseaux chanter, une douce brise joua avec elle. « Pourquoi es-tu si silencieuse, petite pierre ? » demanda la brise en soufflant doucement.

« Je voudrais chanter, mais je n'ai pas de voix, » répondit la pierre en soupirant. « Je ne suis qu'une simple pierre. »

La brise rit doucement. « Ne dis pas cela ! Chaque chose dans la nature a sa propre voix. Même les plus petites peuvent faire une grande différence. »

La pierre hésita. « Mais comment pourrais-je chanter ? Je ne suis pas comme les oiseaux ou le ruisseau. Ils ont de belles voix, tandis que moi, je ne suis qu'une pierre. »

« Laisse-moi te montrer quelque chose, » dit la brise. Elle commença à souffler autour de la pierre, l'entourant de son souffle léger. La pierre sentit un frisson parcourir sa surface. Puis, au moment où la brise l'effleurait, elle entendit un doux murmure.

« Écoute ! » s'exclama la brise. « C'est ton cœur qui chante. »

La pierre ferma les yeux et se concentra. À cet instant, elle réalisa qu'elle pouvait ressentir une vibration à l'intérieur d'elle-même. Encouragée par la brise, elle commença à émettre un son doux et léger, comme un chuchotement. Au début, c'était timide, mais au fur et à mesure que la brise continuait à jouer autour d'elle, le son devint plus fort et plus joyeux.

Les oiseaux s'arrêtèrent pour écouter, et même le ruisseau ralentit son cours. « Écoutez ! » s'écria la brise. « C'est la pierre qui chante ! »

La pierre ouvrit les yeux et se sentit émerveillée. Elle chantait, et sa voix était belle et douce. Elle ne pouvait pas croire que quelque chose d'aussi merveilleux venait d'elle. Les autres éléments de la nature, émerveillés, commencèrent à l'encourager. Les oiseaux accompagnèrent son chant avec leurs mélodies, et le ruisseau s'ajouta en babillant joyeusement.

La pierre comprit alors que sa voix, bien que petite, avait sa propre place dans le grand concert de la nature. Elle se sentit forte et pleine de vie. À cet instant, elle sut que tout le monde, même les plus silencieux, avait le droit de s'exprimer.

Depuis ce jour, la pierre chantante devint une partie intégrante du paysage. Les créatures venaient de loin pour écouter son doux chant, et elle se mit à aimer sa place parmi les autres. Grâce à l'encouragement de la brise, elle avait appris que chaque voix, quelle que soit sa taille, compte.

Et ainsi, la pierre vécut heureuse, chantant chaque jour au rythme de la nature, se souvenant toujours que même la plus petite voix peut porter un grand écho.

43

The Singing Stone

O nce upon a time, there was a quiet stone resting by the edge of a stream. This stone, smooth and shiny under the sun, looked at the other elements of nature with envy. The birds sang beautiful melodies, the leaves danced in the rhythm of the wind, and even the stream babbled joyfully as it flowed. But the stone felt sad and invisible. It longed to sing, but it didn't believe it had a voice.

One day, as it watched the birds sing, a gentle breeze played with it. "Why are you so silent, little stone?" asked the breeze softly.

"I would like to sing, but I have no voice," replied the stone with a sigh. "I am just a simple stone."

The breeze laughed softly. "Don't say that! Everything in nature has its own voice. Even the smallest things can make a big difference."

The stone hesitated. "But how could I sing? I'm not like the birds or the stream. They have beautiful voices, while I am just a stone."

"Let me show you something," said the breeze. It began to blow around the stone, wrapping it in its gentle breath. The stone felt a shiver run across its surface. Then, as the breeze brushed against it, it heard a soft whisper.

"Listen!" exclaimed the breeze. "It's your heart that is singing."

The stone closed its eyes and concentrated. At that moment, it realized it could feel a vibration inside itself. Encouraged by the breeze, it began to emit a soft and light sound, like a whisper. At first, it was timid, but as the breeze continued to play around it, the sound grew louder and more joyful.

The birds stopped to listen, and even the stream slowed its flow. "Listen!" cried the breeze. "It's the stone that is singing!"

The stone opened its eyes and felt amazed. It was singing, and its voice was beautiful and sweet. It couldn't believe that something so wonderful was coming from it. The other elements of nature, awestruck, began to encourage it. The birds accompanied its song with their melodies, and the stream joined in with cheerful babbling.

The stone then understood that its voice, though small, had its own place in the grand concert of nature. It felt strong and full of life. At that moment, it knew that everyone, even the quietest ones, had the right to express themselves.

From that day on, the singing stone became an integral part of the landscape. Creatures came from afar to hear its sweet song, and it began to love its place among the others. Thanks to the encouragement of the breeze, it had learned that every voice, no matter how small, matters.

And so, the stone lived happily, singing every day to the rhythm of nature, always remembering that even the smallest voice can carry a great echo.

La Montagne Amicale

Il était une fois une grande montagne qui dominait le paysage. Elle était majestueuse, avec des sommets enneigés et des pentes escarpées. Mais malgré sa beauté, la montagne se sentait grognon. Elle pensait qu'elle était trop grande et trop imposante pour que quiconque puisse s'en approcher. Elle regardait les autres éléments de la nature, comme les rivières qui coulaient joyeusement et les fleurs qui s'épanouissaient, et se disait qu'ils étaient bien plus aimés et admirés qu'elle.

Un jour, alors que la montagne était en train de ruminer ses pensées, un petit oiseau courageux s'approcha. Il avait des plumes brillantes et une voix douce. « Bonjour, belle montagne ! » chanta l'oiseau en volant autour d'elle.

La montagne soupira. « Bonjour, petit oiseau. Que veux-tu, ici, sur mes pentes raides ? Je ne suis qu'une vieille montagne triste et solitaire. »

Le petit oiseau, avec un sourire amical, répondit : « Mais tu es une montagne magnifique ! Pourquoi te sens-tu si seule ? »

La montagne se plaignit : « Je suis trop grande. Personne ne peut vraiment m'atteindre. Les gens préfèrent jouer dans la vallée ou s'émerveiller des rivières, mais ils ne viennent jamais ici, à ma hauteur. »

Le petit oiseau réfléchit un moment, puis dit : « Peut-être que tu ne vois pas ta propre beauté. Ta grandeur n'est pas une faiblesse

; c'est une force. Tu es un refuge pour de nombreuses créatures. Les arbres poussent sur tes pentes, et les rivières coulent grâce à la pluie que tu retiens. Tu soutiens la vie autour de toi. »

La montagne, intriguée, commença à considérer les paroles de l'oiseau. « Mais je ne peux pas bouger, je ne peux pas chanter comme toi, ni danser avec le vent. »

Le petit oiseau répondit joyeusement : « Tu n'as pas besoin de chanter ou de danser pour être aimée. Ta force réside dans ta capacité à soutenir et à protéger ceux qui t'entourent. Regarde autour de toi ! »

La montagne leva les yeux et aperçut les petits animaux qui trouvaient refuge à son ombre, les fleurs qui s'épanouissaient sur ses flancs et les enfants qui grimpaient joyeusement vers son sommet. Elle réalisa alors qu'elle avait un rôle précieux dans ce monde.

« Tu as raison, » admit la montagne avec un doux sourire. « Je suis une maison pour beaucoup, et je peux offrir de la sécurité et de la beauté à ceux qui m'entourent. »

Le petit oiseau s'envola en chantant : « Regarde comme tu es belle ! La beauté intérieure est ce qui compte le plus. »

À partir de ce jour, la montagne ne se sentit plus grognon ni solitaire. Elle apprit à apprécier sa grandeur et son rôle dans la nature. Les visiteurs commencèrent à affluer, attirés par son majestueux sommet et la vie qui prospérait autour d'elle. Elle devint un symbole de force et de soutien, accueillant tous ceux qui désiraient admirer sa beauté.

Et ainsi, la montagne vécut heureuse, sachant qu'elle était bien plus qu'un simple rocher imposant. Elle était une amie pour tous, offrant un refuge à ceux qui en avaient besoin.

The Friendly Mountain

O nce upon a time, there was a great mountain that dominated the landscape. It was majestic, with snowy peaks and steep slopes. But despite its beauty, the mountain felt grumpy. It thought it was too big and too imposing for anyone to approach. It watched the other elements of nature, like the rivers flowing joyfully and the flowers blooming, and thought they were much more loved and admired than it was.

One day, while the mountain was mulling over its thoughts, a brave little bird approached. It had bright feathers and a soft voice. "Hello, beautiful mountain!" sang the bird as it flew around her.

The mountain sighed. "Hello, little bird. What do you want here on my steep slopes? I am just an old, sad, and lonely mountain."

The little bird, with a friendly smile, replied, "But you are a magnificent mountain! Why do you feel so alone?"

The mountain complained, "I am too big. No one can really reach me. People prefer to play in the valley or marvel at the rivers, but they never come here, to my height."

The little bird thought for a moment and then said, "Maybe you don't see your own beauty. Your grandeur is not a weakness; it's a strength. You are a refuge for many creatures. Trees grow on your slopes, and rivers flow thanks to the rain you hold. You support the life around you."

The mountain, intrigued, began to consider the bird's words. "But I cannot move, I cannot sing like you, nor dance with the wind."

The little bird joyfully replied, "You don't need to sing or dance to be loved. Your strength lies in your ability to support and protect those around you. Look around you!"

The mountain looked up and saw the small animals finding refuge in its shade, the flowers blooming on its slopes, and the children joyfully climbing toward its summit. It then realized that it had a precious role in this world.

"You are right," admitted the mountain with a gentle smile. "I am a home for many, and I can offer safety and beauty to those around me."

The little bird flew away singing, "Look how beautiful you are! Inner beauty is what matters most."

From that day on, the mountain no longer felt grumpy or lonely. It learned to appreciate its grandeur and its role in nature. Visitors began to flock, attracted by its majestic peak and the life thriving around it. It became a symbol of strength and support, welcoming all those who wished to admire its beauty.

And so, the mountain lived happily, knowing it was much more than just an imposing rock. It was a friend to all, offering refuge to those in need.

La Rivière Rêveuse

Il était une fois une rivière scintillante qui serpentait à travers les vallées et les forêts. Elle avait un rêve : atteindre la mer. Chaque jour, elle voyait l'horizon lointain et sentait l'appel des vagues. Mais la rivière se sentait souvent découragée. « Je suis si petite et si lente, » pensait-elle. « Comment pourrais-je jamais atteindre la grande mer ? »

Un jour, alors qu'elle s'écoulait paisiblement, un poisson sage surgit à la surface de l'eau. Il avait des écailles brillantes qui scintillaient sous le soleil. « Pourquoi es-tu si triste, chère rivière ? » demanda le poisson en sautant gracieusement.

« Je rêve d'atteindre la mer, mais je me sens insignifiante, » répondit la rivière en soupirant. « Il me semble que mon voyage est trop long et difficile. »

Le poisson sourit. « Chaque voyage a son importance, peu importe la distance. Tu ne devrais pas te décourager. Regarde autour de toi ! »

Intriguée, la rivière observa son chemin. Elle remarqua les fleurs qui poussaient sur ses rives, les oiseaux qui s'abreuvaient de son eau claire et les petites créatures qui jouaient sur ses berges. « Mais je ne suis qu'un petit cours d'eau, » murmura-t-elle.

« Non, tu es bien plus que cela, » dit le poisson. « Tu es la vie pour de nombreuses créatures, et chaque goutte d'eau que tu transportes est précieuse. Chaque tournant et chaque rocher que tu rencontres font partie de ton voyage. »

La rivière réfléchit à ces paroles. « Mais que dois-je faire si je me sens fatiguée ? »

Le poisson répondit avec sagesse : « Prends ton temps. La mer ne va pas s'en aller. Continue d'avancer, goutte à goutte, et sois patiente. Chaque petite étape te rapproche de ton rêve. »

Encouragée, la rivière décida d'apprécier chaque instant de son voyage. Elle se mit à danser joyeusement autour des rochers, à chanter avec le vent et à savourer le doux parfum des fleurs qui l'entouraient. Elle réalisa que même si le chemin était long, chaque moment avait sa propre beauté.

Les saisons passèrent, et la rivière continua d'avancer, doucement mais sûrement. Un jour, elle sentit l'air salé et le bruit des vagues. Elle savait qu'elle était enfin proche de la mer. Avec un dernier effort, elle se précipita vers l'horizon.

Quand elle atteignit enfin la mer, elle éclata de joie. « J'ai réussi ! » s'écria-t-elle. Les vagues l'accueillirent avec tendresse, et elle comprit que chaque goutte d'eau qui avait formé son cours avait été essentielle à son voyage.

Le poisson sage, qui l'avait suivie tout au long de son chemin, sourit. « Tu as vu ? Chaque voyage est important. Ta persévérance et ta patience t'ont conduit ici. »

Et ainsi, la rivière se mêla aux eaux vastes de la mer, remplie de gratitude pour chaque étape de son voyage, sachant que chaque goutte compte.

The Dreaming River

Once upon a time, there was a sparkling river that wound its way through valleys and forests. It had a dream: to reach the sea. Every day, it saw the distant horizon and felt the call of the waves. But the river often felt discouraged. "I am so small and so slow," it thought. "How could I ever reach the great sea?"

One day, as it flowed peacefully, a wise fish leaped to the surface of the water. It had shiny scales that sparkled in the sun. "Why are you so sad, dear river?" asked the fish, gracefully jumping.

"I dream of reaching the sea, but I feel insignificant," replied the river with a sigh. "My journey seems too long and difficult."

The fish smiled. "Every journey matters, no matter the distance. You shouldn't be discouraged. Look around you!"

Intrigued, the river observed its path. It noticed the flowers blooming along its banks, the birds drinking from its clear waters, and the small creatures playing on its shores. "But I am just a little stream," it murmured.

"No, you are much more than that," said the fish. "You are life for many creatures, and every drop of water you carry is precious. Every bend and every rock you encounter is part of your journey."

The river reflected on these words. "But what should I do if I feel tired?"

The fish wisely replied, "Take your time. The sea isn't going anywhere. Keep moving forward, drop by drop, and be patient. Every small step brings you closer to your dream."

Encouraged, the river decided to appreciate every moment of its journey. It began to joyfully dance around the rocks, sing with the wind, and savor the sweet fragrance of the flowers surrounding it. It realized that even though the path was long, each moment had its own beauty.

Seasons passed, and the river continued to flow, slowly but surely. One day, it felt the salty air and the sound of waves. It knew it was finally close to the sea. With one last effort, it rushed toward the horizon.

When it finally reached the sea, it burst with joy. "I did it!" it exclaimed. The waves welcomed it tenderly, and it understood that every drop of water that had formed its course was essential to its journey.

The wise fish, who had followed it along the way, smiled. "Did you see? Every journey is important. Your perseverance and patience have brought you here."

And so, the river blended with the vast waters of the sea, filled with gratitude for every step of its journey, knowing that every drop counts.

Le Jardin des Souhaits

Il était une fois une jeune fille nommée Émilie, qui aimait explorer les environs de son village. Un jour, alors qu'elle se promenait dans la forêt, elle aperçut un sentier caché derrière des buissons épais. Curieuse, elle décida de s'aventurer sur ce chemin mystérieux.

Après quelques minutes de marche, Émilie déboucha sur un magnifique jardin secret. Les fleurs y étaient d'une beauté éclatante, et chacune d'elles brillait d'une couleur vive. Émilie s'approcha d'une fleur rouge, et en la touchant, elle entendit une voix douce murmurer : « Je suis le souhait de l'amour. » Étonnée, Émilie réalisa que chaque fleur du jardin représentait un souhait.

En explorant davantage, elle découvrit une fleur jaune qui disait : « Je suis le souhait de la joie. » Prise d'une soudaine envie d'aider, Émilie se mit à arroser les fleurs et à les nourrir avec soin. Chaque fois qu'elle s'occupait d'une fleur, elle pouvait entendre son souhait grandir et se renforcer.

Émilie se mit à visiter le jardin chaque jour, apprenant à connaître les souhaits de chaque fleur. Il y avait la fleur bleue, qui représentait l'espoir, et la fleur violette, qui symbolisait le rêve. En prenant soin d'elles, Émilie comprit que nourrir ces fleurs était semblable à nourrir ses propres rêves et ceux des autres.

Un jour, une tempête éclata, menaçant de détruire le jardin. Émilie savait qu'elle devait agir vite. Elle rassembla ses amis et leur expliqua l'importance du jardin. Ensemble, ils protégèrent les fleurs en créant une barrière avec des branches et des feuilles.

Après la tempête, le jardin était en désordre, mais les fleurs étaient encore en vie. Émilie et ses amis commencèrent à nettoyer le jardin, à arroser les fleurs et à leur parler doucement. Peu à peu, les fleurs reprirent leur éclat, et leurs souhaits se mirent à briller de nouveau.

Émilie réalisa alors que les relations qu'elle avait nourries avec ses amis étaient tout aussi importantes que celles qu'elle entretenait avec les fleurs. Elle comprit que, tout comme les fleurs, les amitiés avaient besoin d'attention et de soin pour s'épanouir.

Finalement, les souhaits des fleurs commencèrent à se réaliser, et le jardin devint un lieu magique où l'amour, la joie, l'espoir et les rêves se mêlaient harmonieusement. Émilie avait appris que chaque souhait est précieux, et que prendre soin de soi-même et des autres est la clé pour voir ses rêves fleurir.

Et ainsi, le jardin des souhaits prospéra, symbole d'espoir et de lien entre les cœurs.

The Garden of Wishes

Once upon a time, there was a young girl named Émilie, who loved to explore the surroundings of her village. One day, while she was walking in the forest, she spotted a hidden path behind thick bushes. Curious, she decided to venture down this mysterious path.

After a few minutes of walking, Émilie emerged into a beautiful secret garden. The flowers were of dazzling beauty, and each one shone in vibrant colors. Émilie approached a red flower, and as she touched it, she heard a soft voice whisper, "I am the wish of love." Astonished, Émilie realized that each flower in the garden represented a wish.

As she explored further, she discovered a yellow flower that said, "I am the wish of joy." Feeling a sudden urge to help, Émilie began to water the flowers and care for them attentively. Each time she tended to a flower, she could hear its wish growing stronger.

Émilie started visiting the garden every day, learning about the wishes of each flower. There was a blue flower that represented hope and a purple flower that symbolized dreams. By caring for them, Émilie understood that nurturing these flowers was similar to nurturing her own dreams and those of others.

One day, a storm broke out, threatening to destroy the garden. Émilie knew she had to act quickly. She gathered her friends and explained the importance of the garden. Together, they protected the flowers by creating a barrier with branches and leaves.

After the storm, the garden was in disarray, but the flowers were still alive. Émilie and her friends began to clean the garden, water the flowers, and speak to them gently. Little by little, the flowers regained their luster, and their wishes began to shine once more.

Émilie then realized that the relationships she had nurtured with her friends were just as important as those she had with the flowers. She understood that, just like flowers, friendships needed attention and care to thrive.

Eventually, the wishes of the flowers began to come true, and the garden became a magical place where love, joy, hope, and dreams blended harmoniously. Émilie had learned that every wish is precious, and that taking care of oneself and others is the key to seeing one's dreams blossom.

And so, the garden of wishes thrived, a symbol of hope and connection between hearts.